Impressum
Verlag: BABADADA GmbH, Nedderfeld 112 , 22529 Hamburg
Geschäftsführer / Verlagsleitung: Harald Hof
Druck: Books on Demand GmbH, In de Tarpen 42, 22848 Norderstedt

Imprint
Publisher: BABADADA GmbH, Nedderfeld 112 , 22529 Hamburg, Germany
Managing Director / Publishing direction: Harald Hof
Print: Books on Demand GmbH, In de Tarpen 42, 22848 Norderstedt, Germany

школа

школа

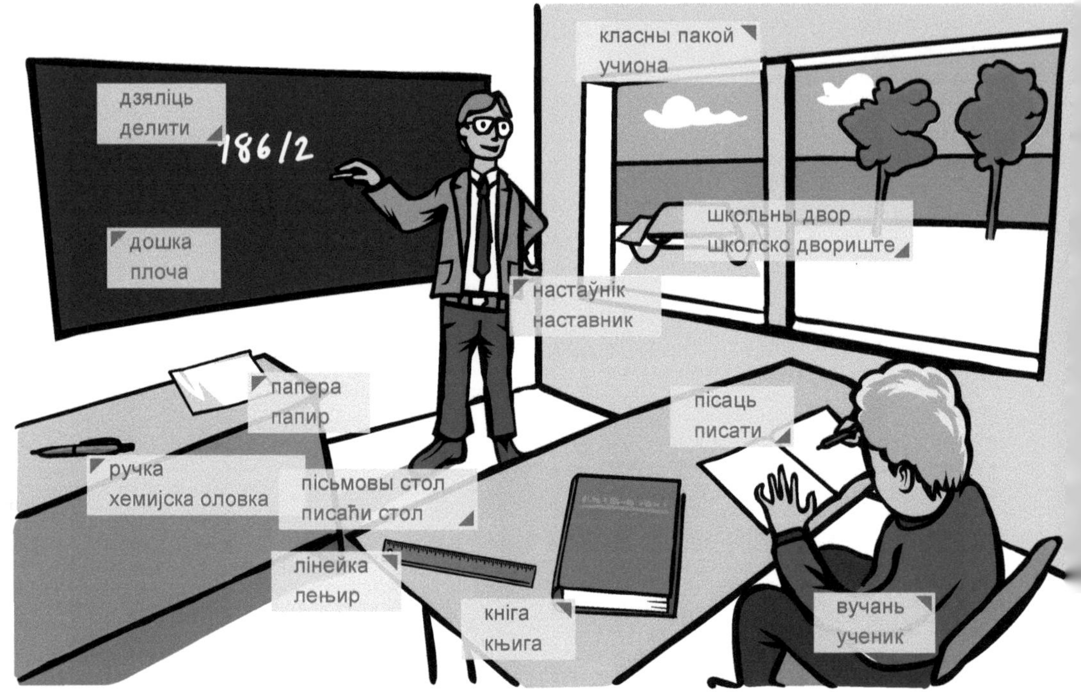
класны пакой
учиона
дзяліць
делити
186/2
школьны двор
школско двориште
дошка
плоча
настаўнік
наставник
папера
папир
пісаць
писати
ручка
хемијска оловка
пісьмовы стол
писаћи стол
лінейка
лењир
кніга
књига
вучань
ученик

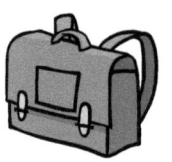

ранец

торба

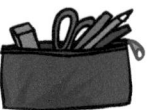

пенал

перница

просты аловак

графитна оловка

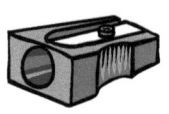

тачылка для алоўкаў

шиљило за оловке

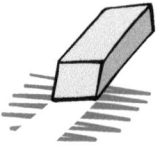

гумка

гумица за брисање

альбом для малявання

блок за цртање

малюнак

цртеж

пэндзлік

кист

фарбы

кутија са бојама

нажніцы

маказе

клей

лепило

сшытак

бележница

хатняе заданне

домаћи задатак

лік

број

дадаваць

сабирати

адымаць

одузимати

множыць

множити

лічыць

рачунати

літара

слово

алфавіт

абецеда

слова

реч

тэкст

текст

чытаць

читати

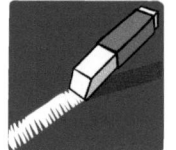

крэйда

креда

ўрок

час

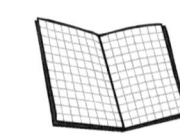

класны журнал

дневник

экзамен

испит

атэстат

сведочанство

школьная форма

школска униформа

адукацыя

образовање

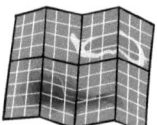

энцыклапедыя

лексикон

універсітэт

универзитет

мікраскоп

микроскоп

карта

карта

смеццевы кошык

кошара за папир

4

падарожжа

путовање

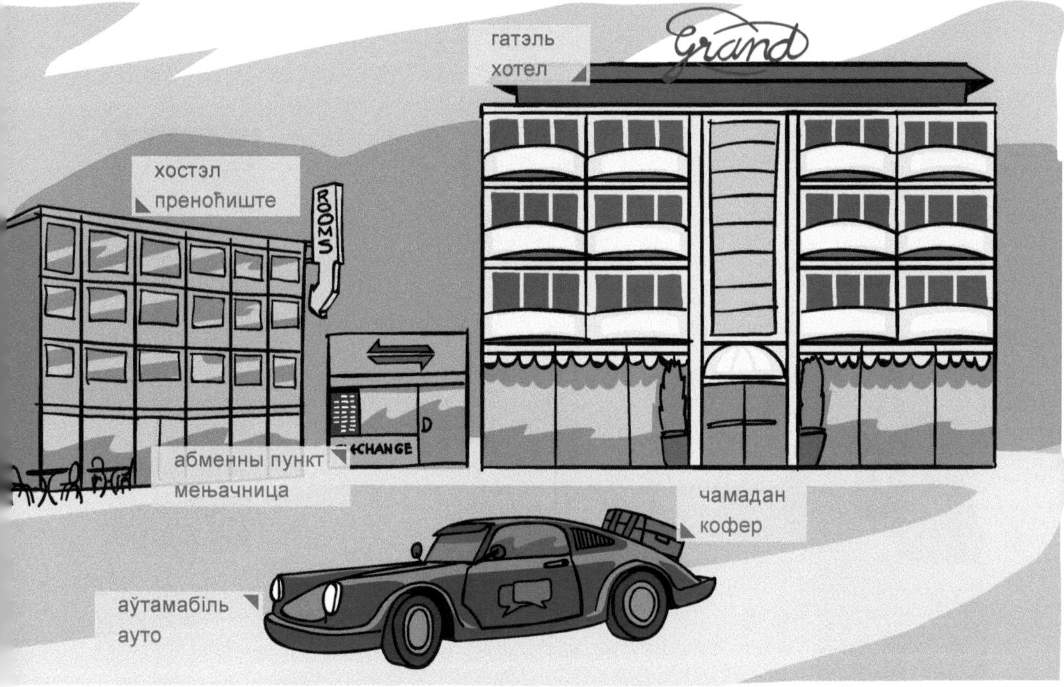
гатэль
хотел
Grand
хостэл
преноћиште
ROOMS
абменны пункт
мењачница
чамадан
кофер
аўтамабіль
ауто

мова

језик

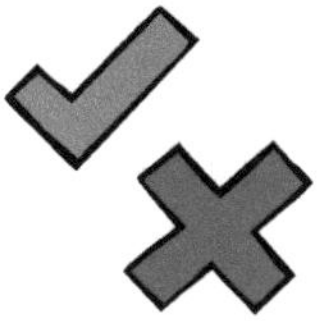

так / не

да / не

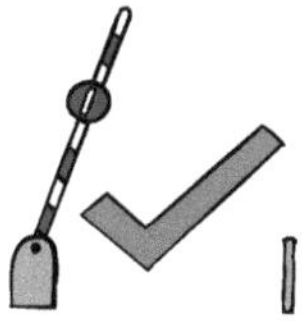

добра

океј

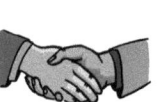

прывітанне!

здраво

перакладчык

преводилац

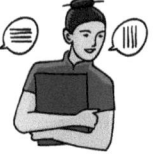

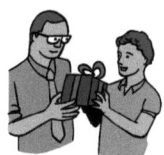

дзякуй

хвала

Колькі каштуе....?

Колико кошта...?

я не разумею

не разумем

праблема

проблем

Добры вечар!

добро вече!

Добрай раніцы!

Добро јутро!

Дабранач!

Лаку ноћ!

да пабачэння

довиђења

кірунак

смер

багаж

пртљага

сумка

торба

заплечнік

руксак

госць

гост

пакой

соба

спальны мяшок

врећа за спавање

палатка

шатор

інфармацыя для турыстаў

туристичке информације

пляж

плажа

крэдытная картка

кредитна картица

снеданне

доручак

абед

ручак

вячэра

вечера

праязны білет

карта за вожњу

ліфт

лифт

паштовая марка

поштанска маркица

мяжа

граница

мытня

царина

пасольства

амбасада

віза

виза

пашпарт

пасош

транспарт
транспорт

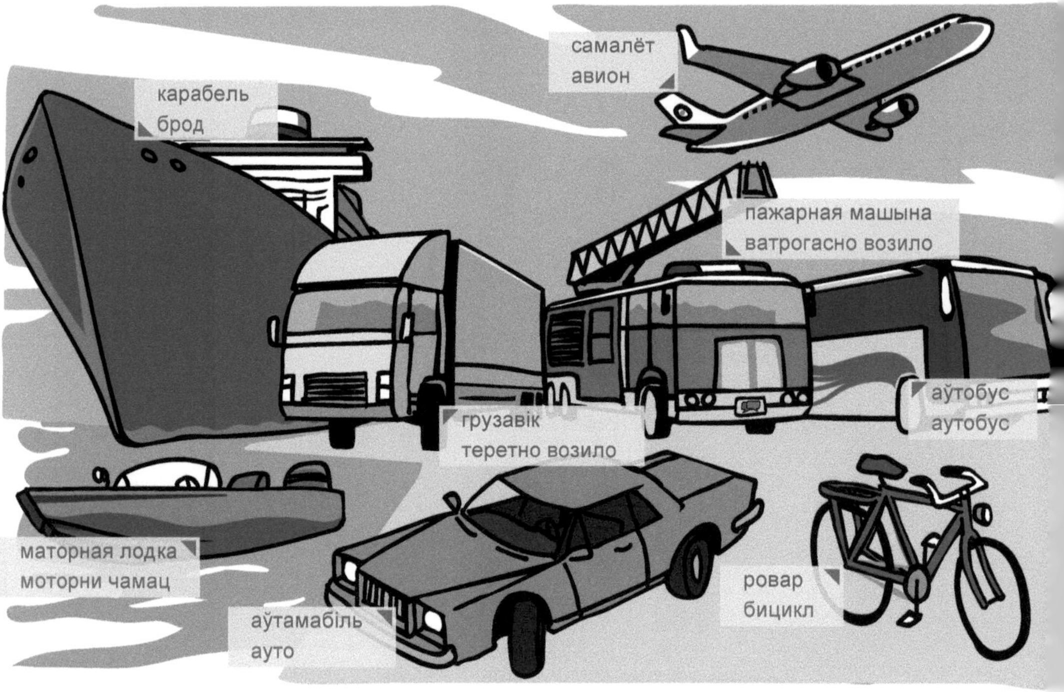
самалёт
авион
карабель
брод
пажарная машына
ватрогасно возило
аўтобус
аутобус
грузавік
теретно возило
маторная лодка
моторни чамац
ровар
бицикл
аўтамабіль
ауто

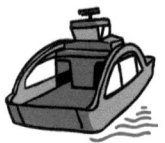

паром

трајект

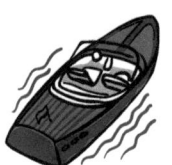

лодка

чамац

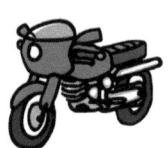

матацыкл

мотоцикл

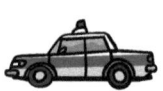

паліцэйская машына

полицијски ауто

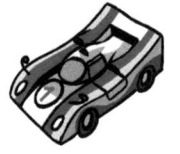

гоначны аўтамабіль

тркаћи ауто

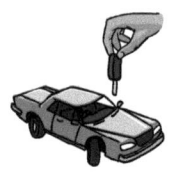

арэндаваны аўтамабіль

изнајмљено ауто

сумеснае карыстанне
аўтамабілем

дзеленье аутомобила

эвакуатар

вучно возило

смеццявоз

возило за одвоз смећа

матор

мотор

паліва

бензин

заправка

бензинска станица

дарожны знак

саобраћајни знак

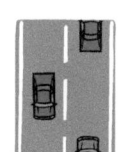

дарожны рух

саобраћај

затор

застој

паркоўка

паркиралиште

чыгуначная станцыя

железничка станица

рэйкі

шине

цягнік

воз

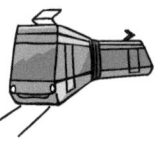

трамвай

трамвај

вагон

вагон

верталёт

хеликоптер

аэрапорт

аеродром

вежа

кула

пасажыр

путник

кантэйнер

контејнер

кардонная скрыня

картон

тачка

колица

карзіна

корпа

ўзлятаць / прызямляцца

узлетети / слетети

горад

град

вёска

село

цэнтр горада

центар града

дом

кућа

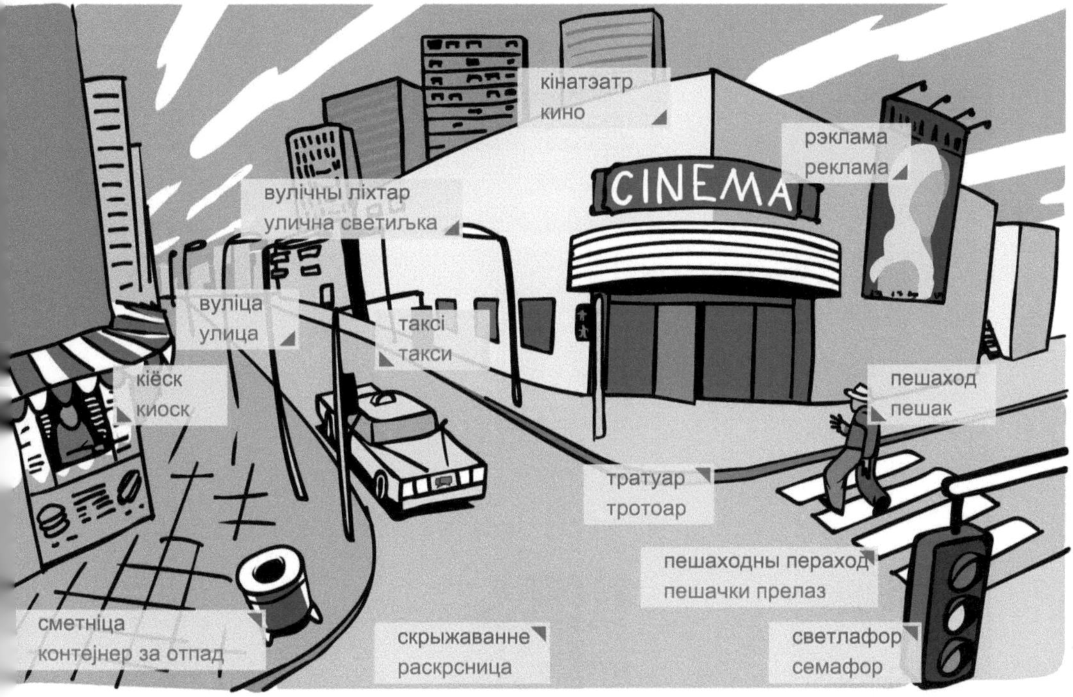
кінатэатр
кино
рэклама
реклама
CINEMA
вулічны ліхтар
улична светиљка
вуліца
улица
таксі
такси
кіёск
киоск
пешаход
пешак
тратуар
тротоар
пешаходны пераход
пешачки прелаз
сметніца
контејнер за отпад
скрыжаванне
раскрсница
светлафор
семафор

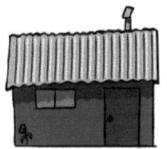

халупа
колиба

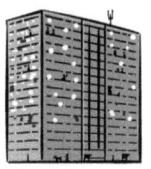

кватэра
стан

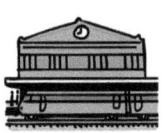

чыгуначная станцыя
железничка станица

ратуша
већница

MUSEUM

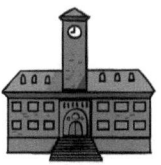

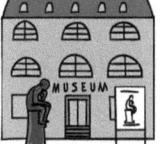

музей
музеј

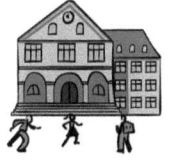

школа
школа

універсітэт

универзитет

банк

банка

шпіталь

болница

гатэль

хотел

аптэка

апотека

офіс

канцеларија

кнігарня

књижара

крама

продавница

кветкавая крама

цвећара

супермаркет

супермаркет

кірмаш

трг

універмаг

робна кућа

рыбная крама

рибарница

гандлевы цэнтр

трговачки центар

порт

лука

парк
парк

лава
клупа

мост
мост

лесвіца
степенице

метро
подземна железница

тунэль
тунел

прыпынак
аутобуска станица

бар
бар

рэстаран
ресторан

паштовая скрыня
поштанско сандуче

вулічны паказальнік
улични знак

паркамат
паркирни аутомат

заапарк
зоолошки врт

басейн
базен

мячэць
џамија

сядзіба

сеоско газдинство

забруджванне
навакольнага асяроддзя

загађење околине

могілкі

гробље

царква

црква

пляцоўка для гульні

игралиште

храм

храм

краявід

пејсаж

ліст
лист

паказальнік
путоказ

дарога
пут

луг
ливада

камень
камен

падарожнік
шетач

дрэва
дрво

рака
река

трава
трава

кветка
цвет

даліна
долина

гара
планина

возера
језеро

лес
шума

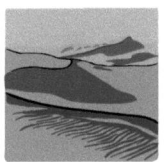

пустыня
пустиња

вулкан
вулкан

замак
дворац

вясёлка
дуга

грыб
гљива

пальма
палма

камар
москито

муха
мува

мурашка
мрав

пчала
пчела

павук
паук

жук
буба

жаба
жаба

вавёрка
веверица

вожык
јеж

заяц
зец

сава
сова

птушка
птица

лебедзь
лабуд

дзік
дивља свиња

алень
јелен

лось
лос

плаціна
насип

вятрак
ветрењача

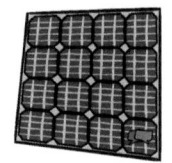

сонечная батарэя
соларна плоча

клімат
клима

рэстаран

ресторан

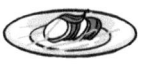

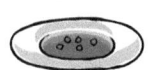

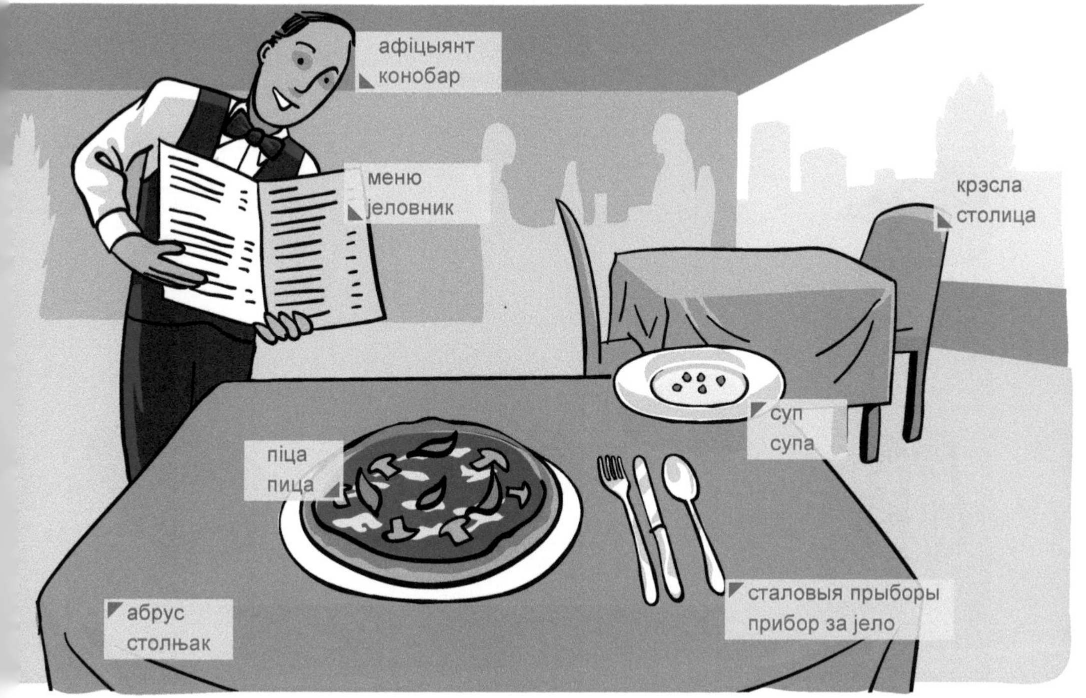
афіцыянт
конобар
меню
јеловник
крэсла
столица
суп
супа
піца
пица
абрус
столњак
сталовыя прыборы
прибор за јело

закуска

предјело

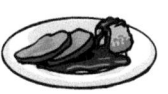

другая страва

главно јело

дэсерт

десерт

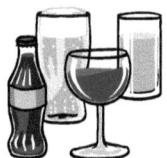

напоі

напитци

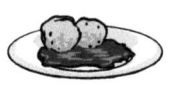

ежа

јело

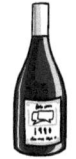

бутэлька

флаша

хуткае харчаванне (фаст-фуд)

брза храна

стрыт-фуд

имбис храна

імбрык (чайнік)

чајник

цукарніца

доза за шећер

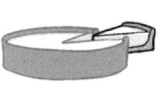

порцыя

порција

эспрэса-машына

апарат за еспресо

дзіцячае крэселка

висока столица

рахунак

рачун

паднос

послужавник

нож

нож

відэлец

виљушка

лыжка

кашика

чайная лыжка

чајна кашика

сурвэтка

салвета

шклянка

чаша

талерка

тањир

супавая талерка

тањир за супу

сподак

тањирић

соус

сос

сальніца

сољенка

млынок для перцу

млин за бибер

воцат

сирће

алей

уље

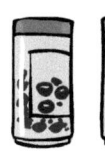

специі

зачини

кетчуп

кечап

гарчыца

сенф

маянэз

мајонеза

супермаркет

супермаркет

акцыя
понуда
FOR
пакупнік
купац
малочныя прадукты
млечни производи
садавіна
воће
вазок
колица за куповину

BUTCHERS

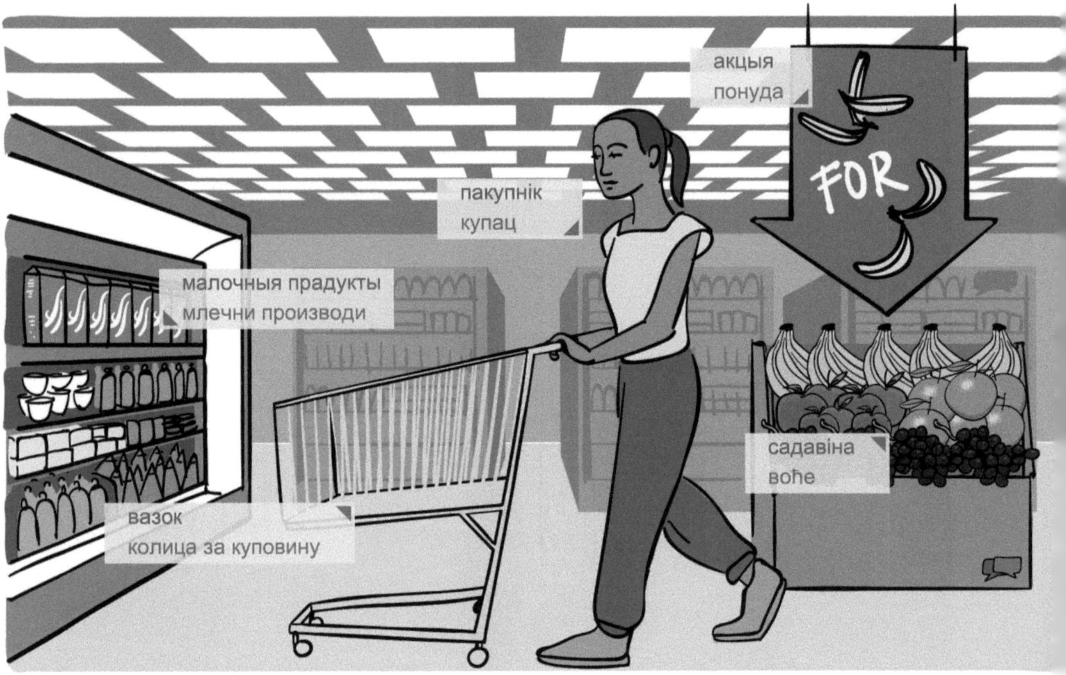

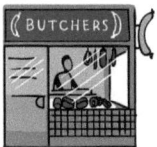

мясная крама

месница

BAKERY

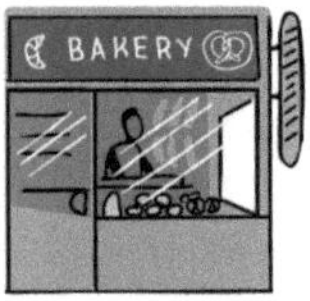

хлебны магазін

пекара

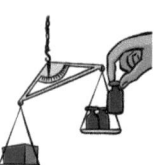

важыць

вагати

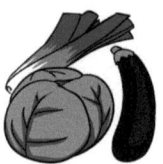

гародніна

поврће

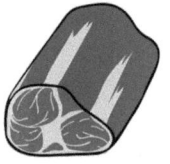

мяса

месо

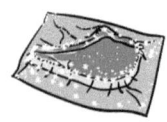

свежазамарожаныя прадукты

смрзнута храна

нарэзка

нарезак

кансервы

конзерве

пральны парашок

средство за прање

прысмакі

слаткиши

хатнія прылады

артикли за домаћинство

чысцячы сродак

средства за чишћење

прадавец

продавачица

каса

благајна

касір

благајник

спіс пакупак

листа за куповину

гадзіны працы

време рада

бумажнік

новчаник

крэдытная картка

кредитна картица

сумка

торба

пакет

пластична кеса

вада

вода

сок

сок

малако

млеко

кола

кола

віно

вино

піва

пиво

алкаголь

алкохол

какава

какао

гарбата (чай)

чаj

кава

кава

эспрэса

еспресо

капучына

капучино

банан

банана

яблык

јабука

апельсін

наранџа

дыня

лубеница

лімон

лимун

морква

шаргарепа

часнок

бели лук

бамбук

бамбус

цыбуля

лук

грыб

гљива

арэхі

орашасти плодови

локшына

резанци

спагеці

шпагете

рыс

рижа

салата

салата

бульба фры

помфрит

смажаная бульба

печени крумпир

піца

пица

гамбургер

хамбургер

бутэрброд

сендвич

шніцаль

шницла

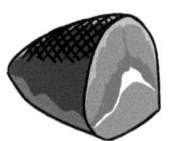

вяндліна

шунка

салямі

салама

каўбаса

кобасица

курыца

кокош

смажаніна

печење

рыбак

риба

аўсяныя камякі

зобене пахуљице

мюслі

мусли

кукурузныя шматкі

кукурузне пахуљице

мука

брашно

круасан

кроасан

булачка

пециво

хлеб

хлеб

тост

тоаст

пячэнне

кекси

масла

маслац

тварог

свежи сир

пірог

колач

яйка

jaje

яечня

jaje на око

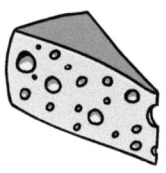

сыр

сир

ежа - jeло

марожанае

сладолед

цукар

шећер

мёд

мед

варэнне

мармелада

нуга

нугат крема

кары

кари

сядзіба

сеоско газдинство

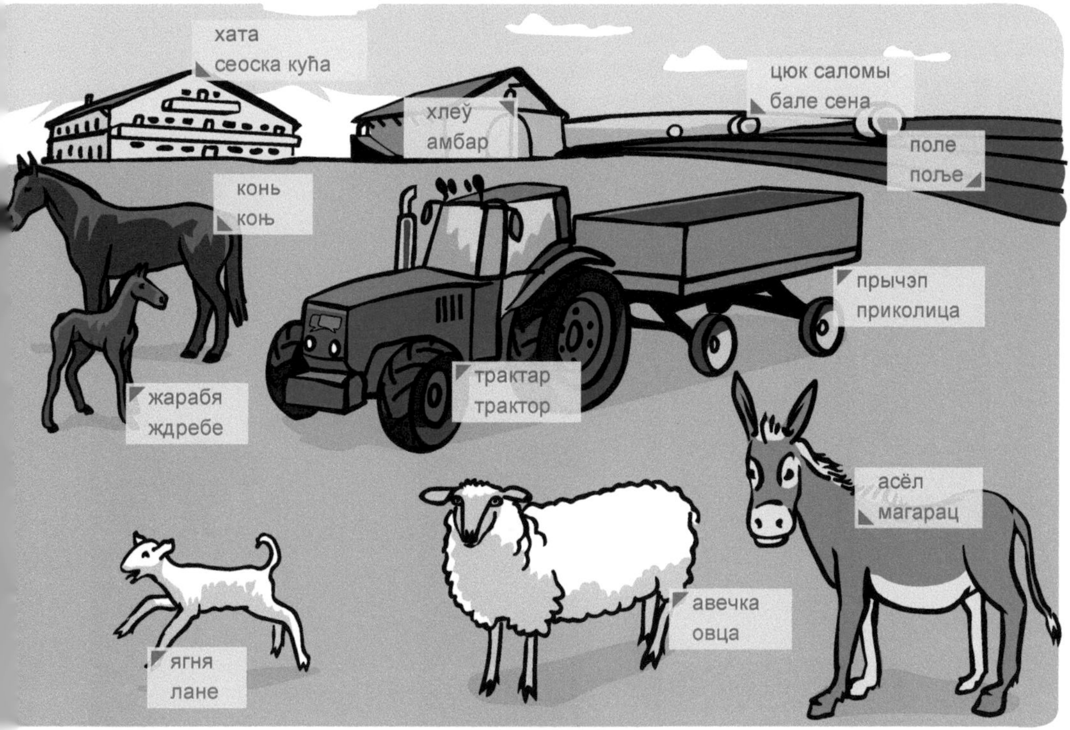

хата
сеоска кућа
хлеў
амбар
цюк саломы
бале сена
поле
поље
конь
коњ
прычэп
приколица
трактар
трактор
жарабя
ждребе
асёл
магарац
авечка
овца
ягня
лане

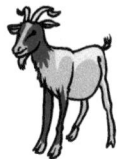

каза
коза

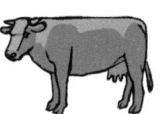

карова
крава

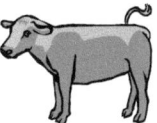

цяля
теле

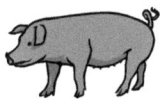

свіння
свиња

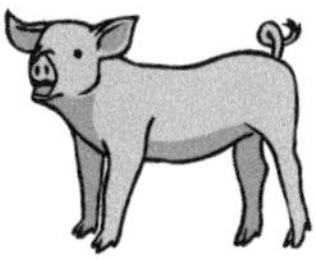

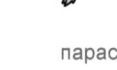

парася
прасе

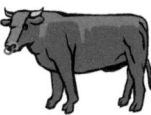

бык
бик

гусак
....
гуска

качка
....
патка

кураня
....
пилићи

курыца
....
кокош

певень
....
петао

пацук
....
пацов

кот
....
мачка

мыш
....
миш

вол
....
вол

сабака
....
пас

сабачая будка
....
кућица за пса

садовы шланг
....
вртно црево

палівачка
....
канта за поливање

каса
....
коса

плуг
....
плуг

серп
....
срп

матыка
....
мотика

вілы для гною
....
виљушка за ђубриво

сякера
....
секира

тачка
....
тачке

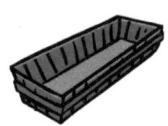

карыта
....
корито

бітон для малака
....
посуда за млеко

мех
....
врећа

плот
....
ограда

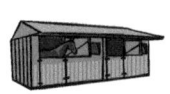

хлеў
....
штала

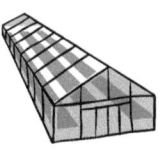

цяпліца
....
стакленик

глеба
....
земља

насенне
....
семе

угнаенне
....
ђубриво

камбайн
....
комбајн

збіраць ураджай

жети

ураджай

жетва

ямс

jамс зачин

пшаніца

пшеница

соя

соja

бульба

крумпир

кукуруза

кукуруз

рапс

уљана репица

садовае дрэва

воћка

маніёк

гомољ манноке

збожжа

житарице

дом

кућа

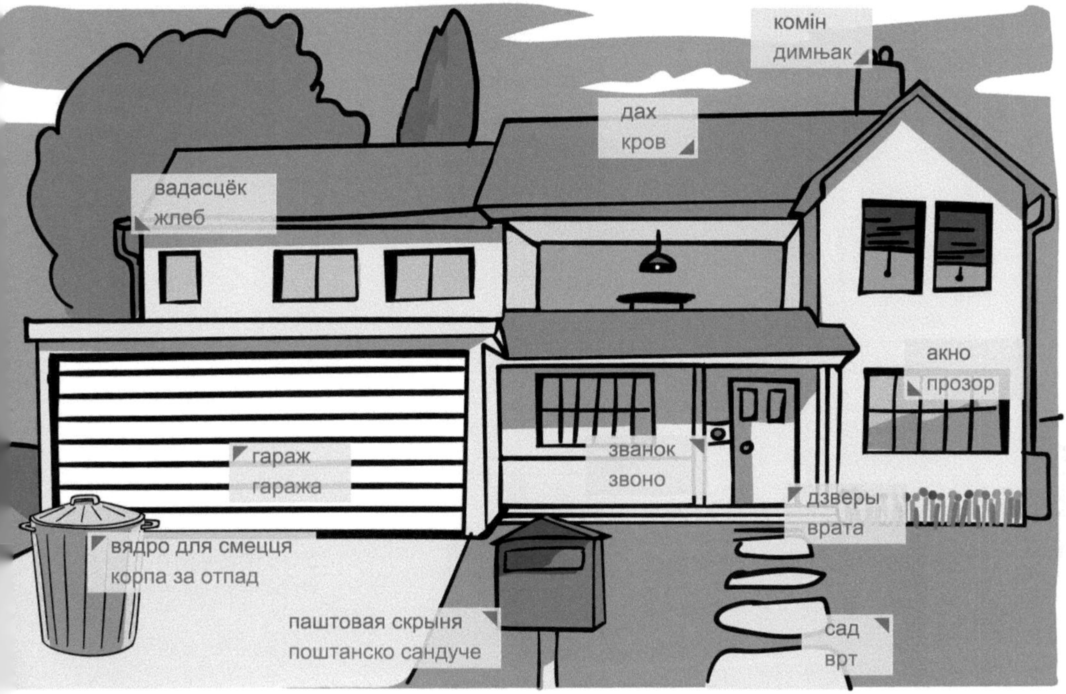

комін
димњак
дах
кров
вадасцёк
жлеб
акно
прозор
гараж
гаража
званок
звоно
дзверы
врата
вядро для смецця
корпа за отпад
паштовая скрыня
поштанско сандуче
сад
врт

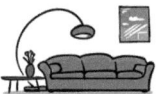

жылы пакой

дневна соба

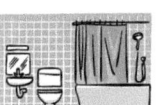

ванная

купаоница

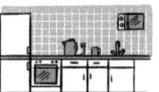

кухня

кухиња

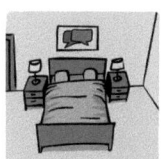

спальны пакой

спаваћа соба

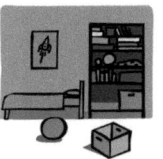

дзіцячы пакой

дечија соба

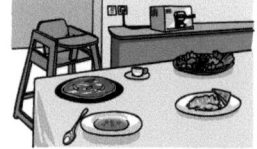

сталоўка

трпезарија

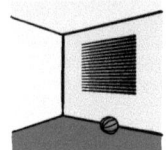

падлога
под

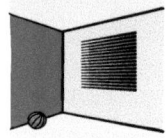

сцяна
зид

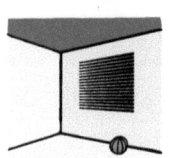

столь
строп

падвал
подрум

саўна
сауна

балкон
балкон

тэраса
тераса

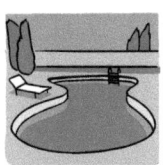

басейн
базен

касілка
косилица за траву

падкоўдранік
постељина за кревет

коўдра
дека за кревет

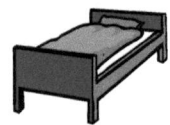

ложак
кревет

венік
метла

вядро
канта

выключальнік
прекидач

дом - кућа

жылы пакой

дневна соба

шпалеры
тапета
малюнак
слика
лямпа
светиљка
паліца
регал
шафа
ормар
тэлевізар
телевизија
камін
камин
кветка
цвет
падушка
јастук
канапа
кауч
ваза
ваза
пульт
даљински управљач

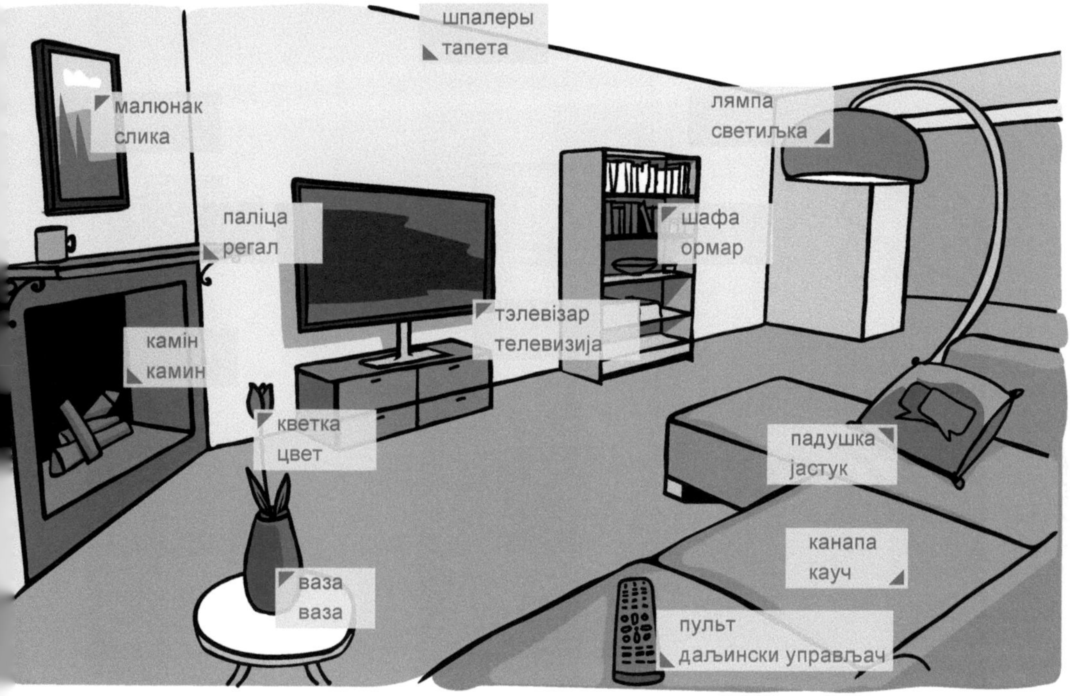

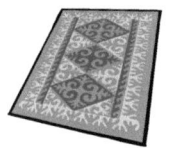

дыван
тепих

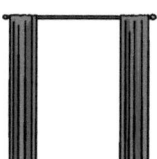

фіранка
завеса

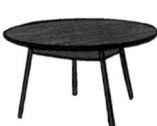

стол
сто

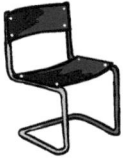

крэсла
столица

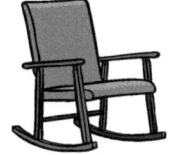

крэсла-качалка
столица за њихање

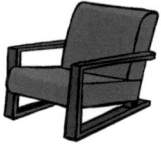

крэсла
фотеља

кніга

књига

коўдра

дека

дэкарацыя

декорација

дровы

дрво за огрев

кіно

филм

стэрэасістэма

хи-фи уређај

ключ

кључ

газета

новине

карціна

слика на платну

постар

постер

радыё

радио

нататнік

блок за писање

пыласос

усисивач

кактус

кактус

свечка

свећа

кухня

кухиња

халадзільнік
фрижидер
мікрахвалёвая печ
микроталасна рерна
кухонныя шалі
кухињска вага
тостар
тоастер
мыйны сродак
средство за чишћење
духоўка
рерна
маразілка
претинац за замрзавање
вядро для смецця
корпа за отпад
посудамыйная машына
машина за прање суђа

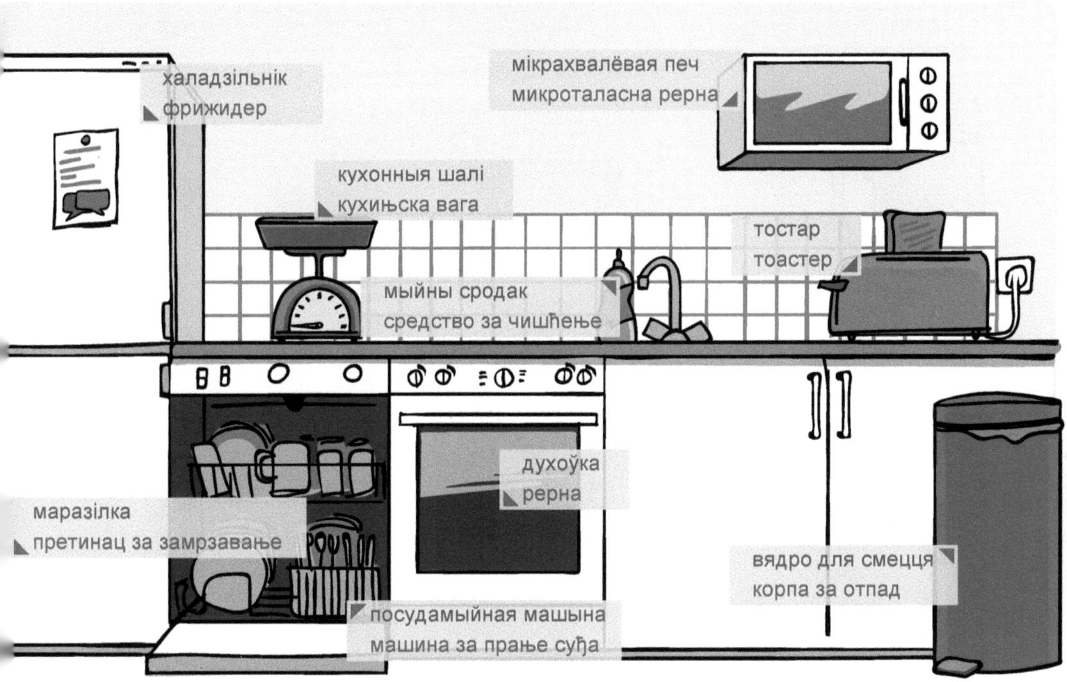

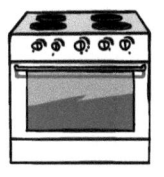

пліта

шпорет

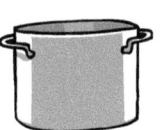

рондаль

лонац

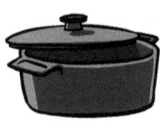

чыгунок

гвоздени лонац

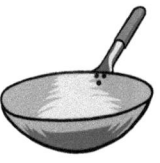

Вок / кадаі

вок / кадаи

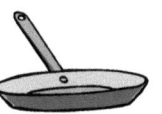

патэльня

тава

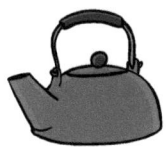

чайнік

кувало за воду

параварка
....
кувало на пару

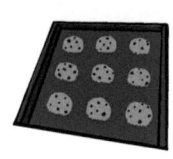

бляха
....
лим за печење

посуд
....
посуђе

кубак
....
чаша

міска
....
посуда

палачкі для ежы
....
штапићи за јело

чарпак
....
кутлача

лапатачка
....
лопатица

збівалка
....
пењача

сіта для варэння
....
сито за кување

сіта
....
сито

тарка
....
рибеж

ступка
....
мужар

грыль
....
роштиљ

вогнішча
....
огњиште

дошка

даска

качалка

оклагија

штопар

вадичеп

бляшанка

конзерва

адкрывалка

отварач конзерви

прыхваткі

крпа за лонац

ракавіна

судопер

шчотка

четка

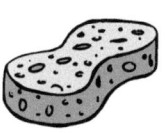

губка

сунђер

міксер

миксер

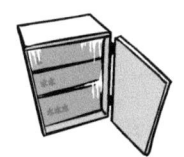

маразільная камера

замрзивач

бутэлечка

флашица за бебе

вадаправодны кран

славина за воду

ванная
купаоница

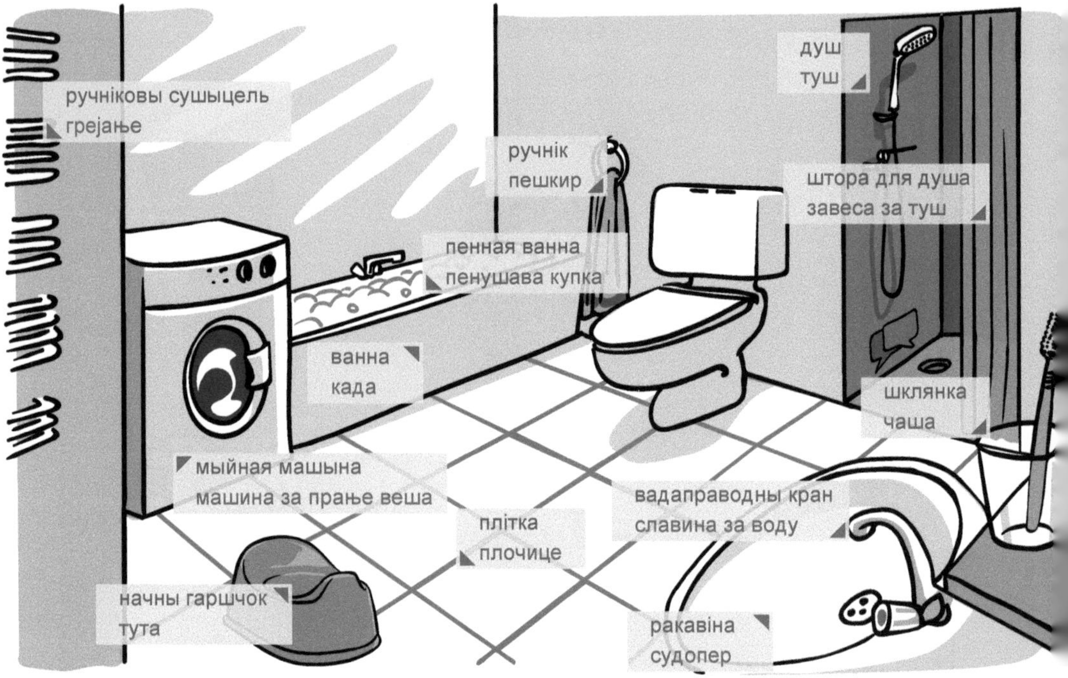

ручніковы сушыцель
грејање
душ
туш
ручнік
пешкир
штора для душа
завеса за туш
пенная ванна
пенушава купка
ванна
када
шклянка
чаша
мыйная машына
машина за прање веша
вадаправодны кран
славина за воду
плітка
плочице
начны гаршчок
тута
ракавіна
судопер

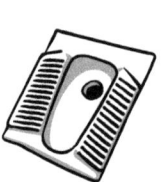

туалет

тоалет

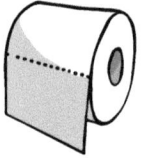

падлогавы ўнітаз

чучавац

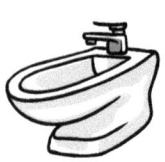

бідэ

бидет

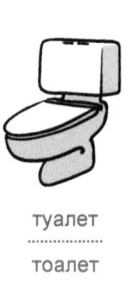

пісуар

писоар

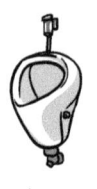

туалетная папера

тоалетни папир

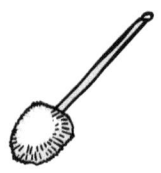

шчотка для чысткі ўнітаза

четка за тоалет

зубная шчотка

четкица за зубе

зубная паста

паста за зубе

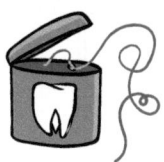

зубная нітка

конац за зубе

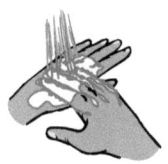

мыць

прати

ручны душ

туш ручица

інтымны душ

туш за прање интимних делова

умывальнік

лавор

шчотка для спіны

четка за прање леђа

мыла

сапун

гель для душа

гел за туширање

шампунь

шампон

вяхотка

крпа за прање

вадасцёк

одвод

крэм

крема

дэзадарант

дезодоранс

люстэрка

огледало

касметычнае люстэрка

козметичко огледало

станок для галення

бријач

пена для галення

пена за бријање

ласьён пасля галення

лосион за после бријања

грэбень

чешаљ

шчотка

четка

фен

фен за косу

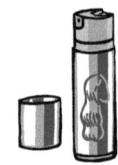

лак для валасоў

спреј за косу

касметыка

шминка

памада

руж за усне

лак для пазногцяў

лак за нокте

вата

вата

манікюрныя нажніцы

маказе за нокте

духі

парфем

касметычка

козметичка торбица

табурэтка

столица

вагі

вага

лазневы халат

огртач

санітарныя пальчаткі

рукавице за чишћење

тампон

тампон

гігіенічныя пракладкі

уложак

біятуалет

хемијски тоалет

дзіцячы пакой

дечија соба

будзільнік
будилник
мяккая цацка
плишана играчка
цацачная машынка
ауто играчка
бразготка
звечка
лялечны домік
кућица за лутке
падарунак
поклон

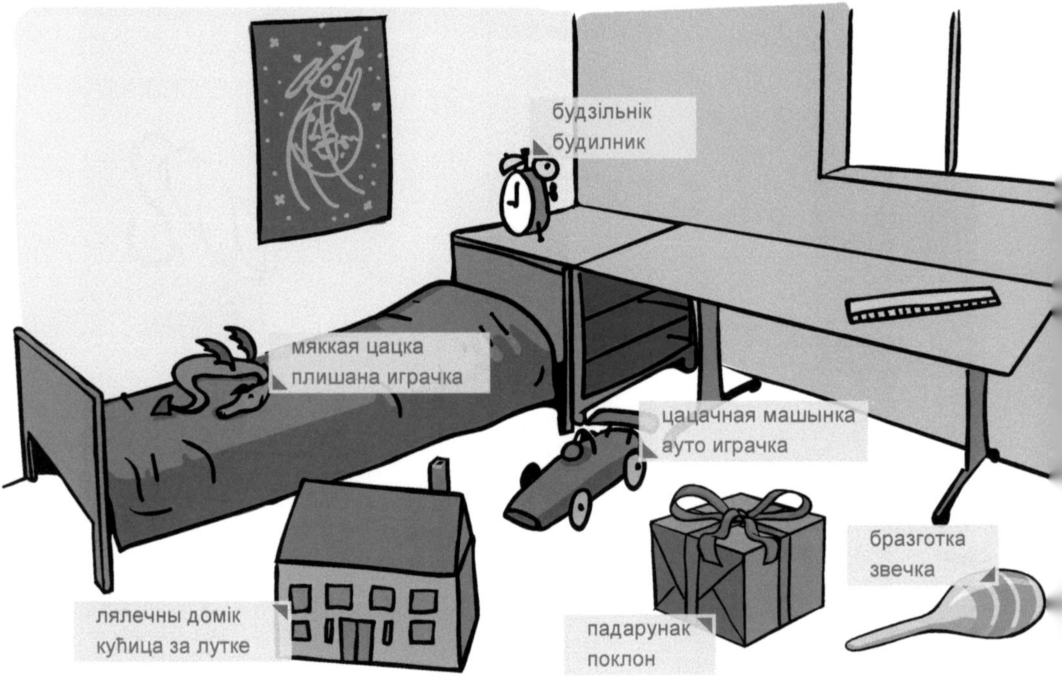

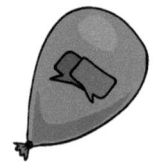

надзіманы шарык

балон

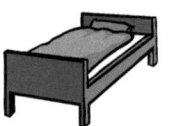

ложак

кревет

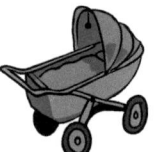

дзіцячая каляска

дјечија колица

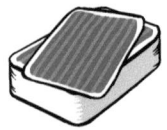

калода картаў

игра са картама

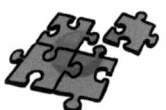

пазл

слагалица

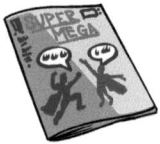

комікс

стрип

канструктар "Лега"

лего коцкице

канструктар

коцкице за слагање

экшэн-фігурка

акциони јунак

дзіцячы гарнітур

бенкица за бебе

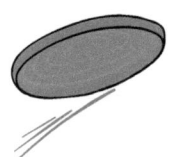

фрызбі

фризби

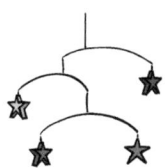

дзіцячы мабіль

висеће играчке

настольная гульня

друштвене игре

кубік

коцка

дзіцячая чыгунка

минијатурна жељезница

пустышка

дуда

дзіцячае свята

забава

кніга з малюнкамі

сликовница

мячык

лопта

лялька

лутка

гуляцца

играти

пясочніца

пешчаник

арэлі

љуљачка

цацкі

играчка

гульнявая відэа прыстаўка

конзола за игре

трохколавы ровар

трицикл

плюшавы мішка

теди

шафа

ормар

адзенне

одећа

шкарпэткі

кратке чарапе

панчохі

чарапе

калготкі

хулахопке

шалік
шал

парасон
кишобран

цішотка
майца

рамень
каиш

боты
чизме

пантоплі
папуче

красоўкі
патике

сандалі
·················
сандале

абутак
·················
ципеле

гумовыя боты
·················
гумене чизме

трусы
·················
гаћице

бюстгальтар
·················
грудњак

майка
·················
поткошуља

бодзі

боди

штаны

панталоне

джынсы

фармерке

спадніца

сукња

блузка

блуза

кашуля

кошуља

джэмпер

џемпер

талстоўка

џемпер с капуљачом

блэйзер

сако

куртка

јакна

паліто

мантил

дажджавік

кабаница

касцюм

костим

сукенка

хаљина

вясельная сукенка

венчаница

касцюм

одело

начная сарочка

спаваћица

піжама

пиџама

сары

сари

хустка

марама за главу

цюрбан

турбан

паранджа

бурка

каптан

кафтан

Абая

абаја

купальнік

купаћи костим

плаўкі

купаће гаћице

шорты

кратке панталоне

спартыўны касцюм

одећа за тренинг

фартух

кецеља

пальчаткі

рукавице

гузік
....
дугме

акуляры
....
наочаре

бранзалет
....
наруквица

каралі
....
огрлица

кальцо
....
прстен

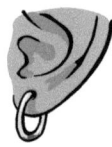

завушніца
....
наушница

кепка
....
капа

вешалка
....
вешалица

капялюш
....
шешир

гальштук
....
кравата

маланка
....
патент затварач

шлем
....
кацига

падцяжкі
....
нараменице

школьная форма
....
школска униформа

уніформа
....
униформа

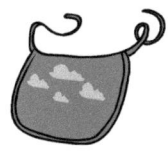

нагруднік

подбрадак

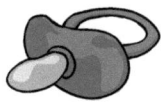

пустышка

дуда

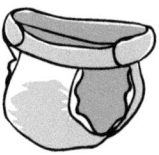

падгузнік

пелена

офіс

канцеларија

сервер
сервер
канцылярская шафа
ормар за списе
прынтэр
штампач
папера
папир
манітор
монитор
пісьмовы стол
писаћи стол
мыш
миш
тэчка
мапа
клавіятура
тастатура
смеццевы кошык
кошара за папир
кампутар
компјутер
крэсла
столица

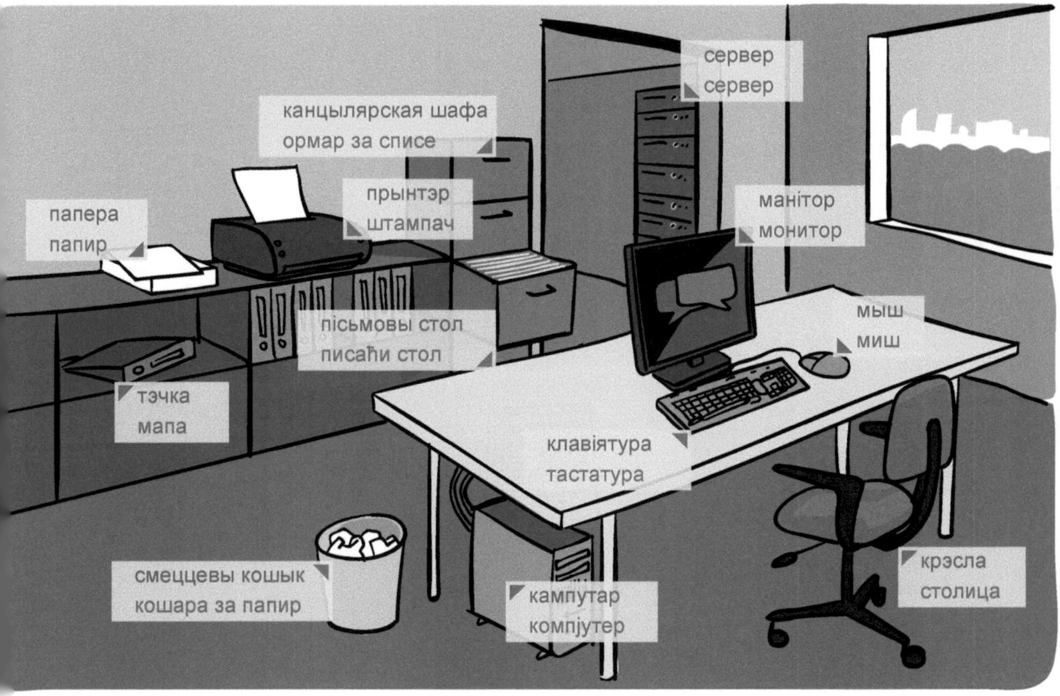

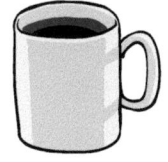

бак для кавы (філіжанка)

шалица за каву

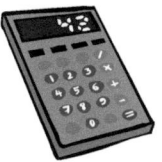

калькулятар

калкулатор

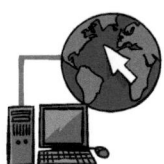

інтэрнэт

интернет

ноўтбук

лаптоп

ліст

писмо

паведамленне

порука

мабільны тэлефон

мобилни телефон

сетка

мрежа

ксеракс

уређај за копирање

праграмнае забеспячэнне

софтвер

тэлефон

телефон

разетка

утичница

факс

факс

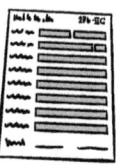

фармуляр

формулар

дакумент

документ

купляць

куповати

плаціць

платити

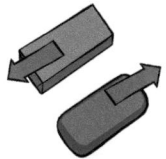

гандляваць

трговати

грошы

новац

долар

долар

еўра

евро

ена

јен

рубель

рубља

франк

швајцарски франак

кітайскі юань

ренминдби јуан

рупія

рупија

банкамат

аутомат за новац

абменны пункт

мењачница

золата

злато

срэбра

сребро

нафта

нафта

энергія

енергија

цана

цена

кантракт

уговор

падатак

порез

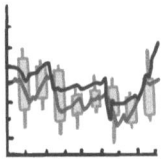

акцыя

деонице

працаваць

радити

служачы

службеник

працадаўца

послодавац

фабрыка

фабрика

крама

продавница

прафесіі
занимања

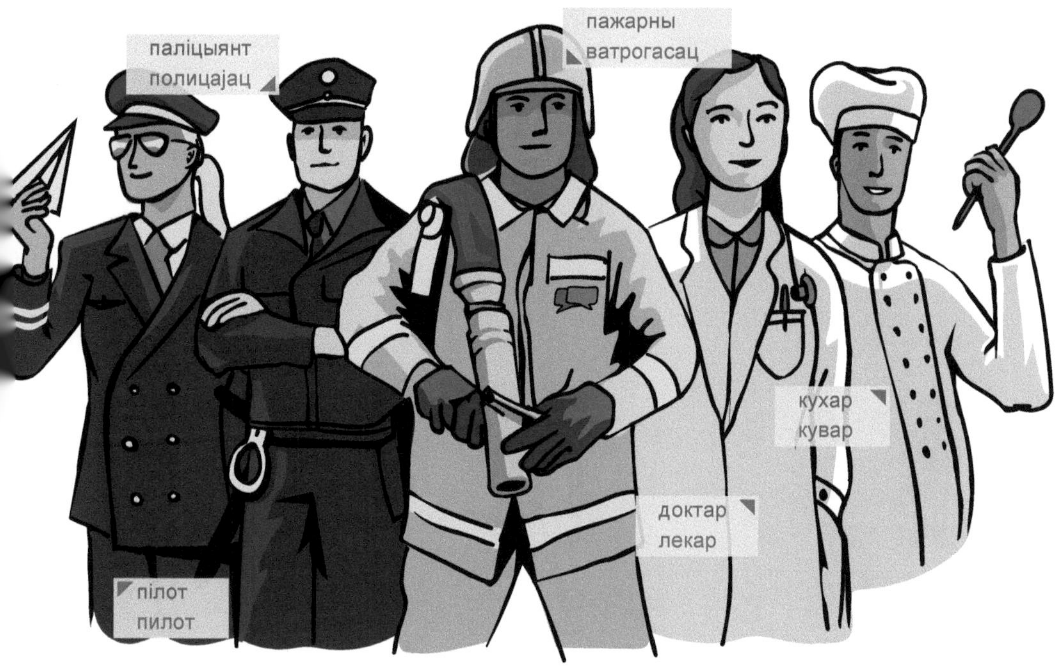
пажарны
ватрогасац
паліцыянт
полицајац
кухар
кувар
доктар
лекар
пілот
пилот

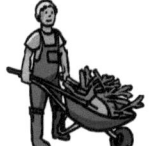

садоўнік

вртлар

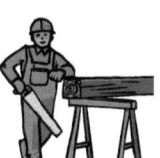

слесар

столар

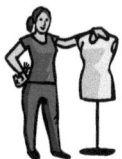

швачка

кројачица

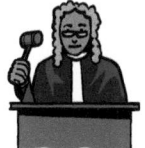

суддзя

судија

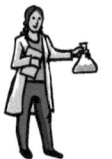

хімік

хемичар

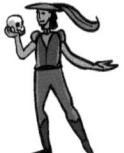

артыст

глумац

кіроўца аўтобуса

возач аутобуса

таксіст

возач таксија

рыбак

рибар

прыбіральшчыца

чистачица

страхар

кровопокривач

афіцыянт

конобар

паляўнічы

ловац

мастак

сликар

пекар

пекар

электрык

електричар

будаўнік

грађевински радник

інжынер

инжењер

мяснік

месар

сантэхнік

лимар

паштальён

поштар

салдат

војник

архітэктар

архитекта

касір

благајник

фларыст

цвећар

цырульнік

фризер

кандуктар

кондуктер

механік

механичар

капітан

капетан

стаматолаг

зубар

вучоны

научник

рабін

раби

імам

имам

манах

монах

святар

свећеник

інструменты

алати

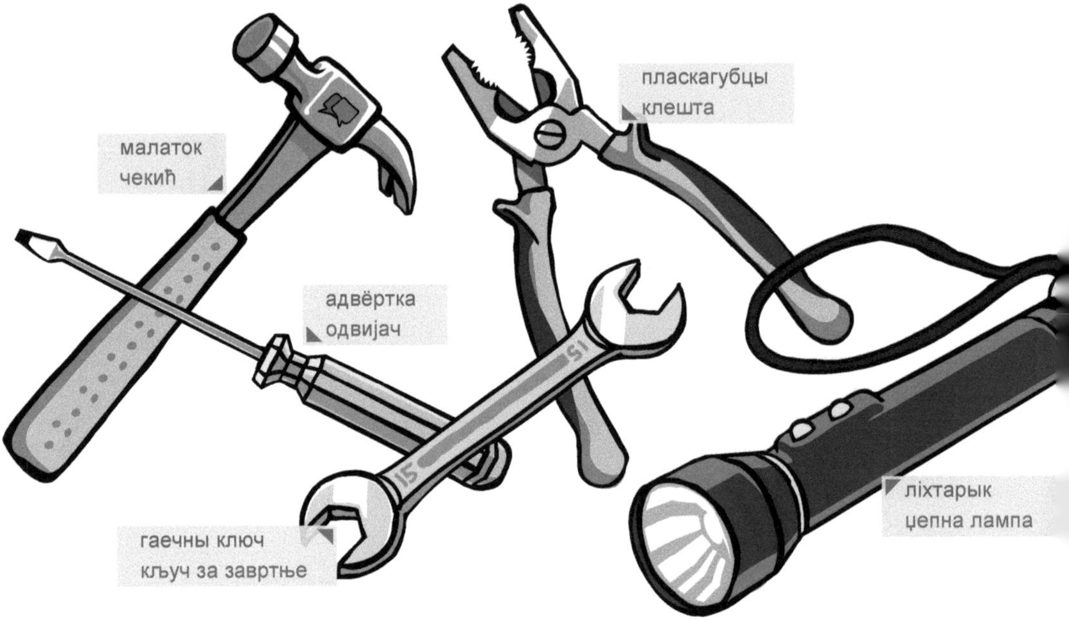
малаток
чекић
пласкагубцы
клешта
адвёртка
одвијач
гаечны ключ
кључ за завртње
ліхтарык
џепна лампа

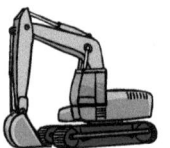

экскаватар

багер

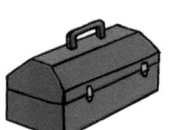

скрыня для інструментаў

кутија за алат

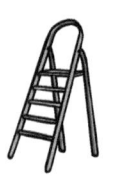

дравіны

мердевине

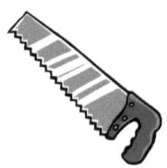

піла

пила

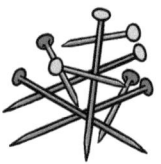

цвікі

ексер

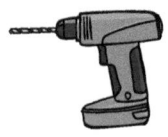

дрыль

бушилица

рамантаваць

поправити

рыдлеўка

лопата

Халера!

до ђавола!

шуфлік для смецця

лопатица

вядро з фарбаю

лонац за боју

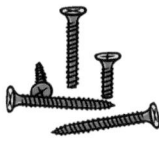

балты

завртањи

музычныя інструменты

музички инструмент

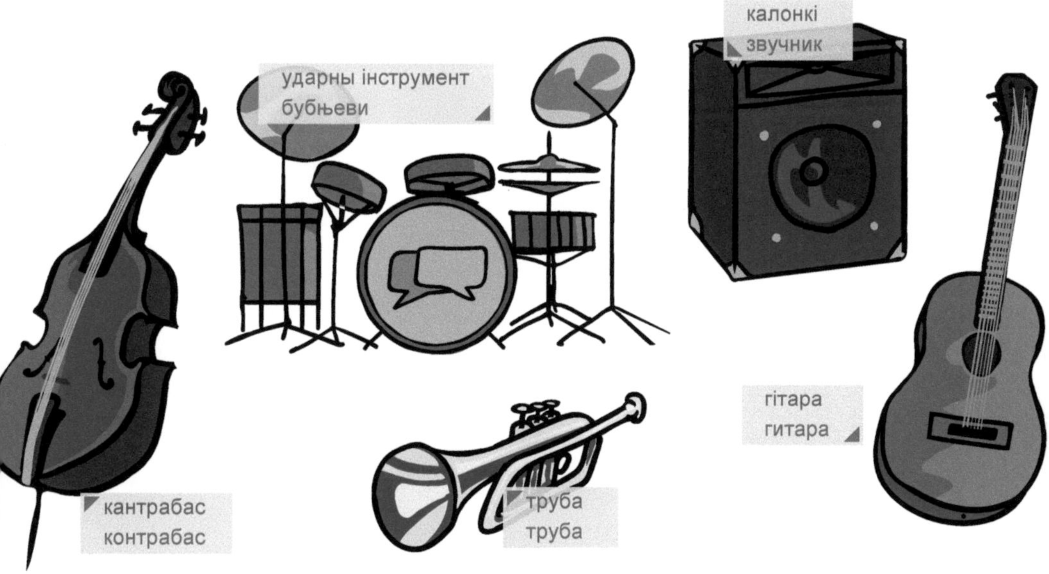

калонкі
звучник

ударны інструмент
бубњеви

гітара
гитара

кантрабас
контрабас

труба
труба

піяніна

клавир

скрыпка

виолина

басгітара

бас

літаўры

тимпани

барабан

удараљке за бубњеве

клавішны электрамузычны інструмент

типке клавира

саксафон

саксофон

флейта

флаута

мікрафон

микрофон

заапарк

зоолошки врт

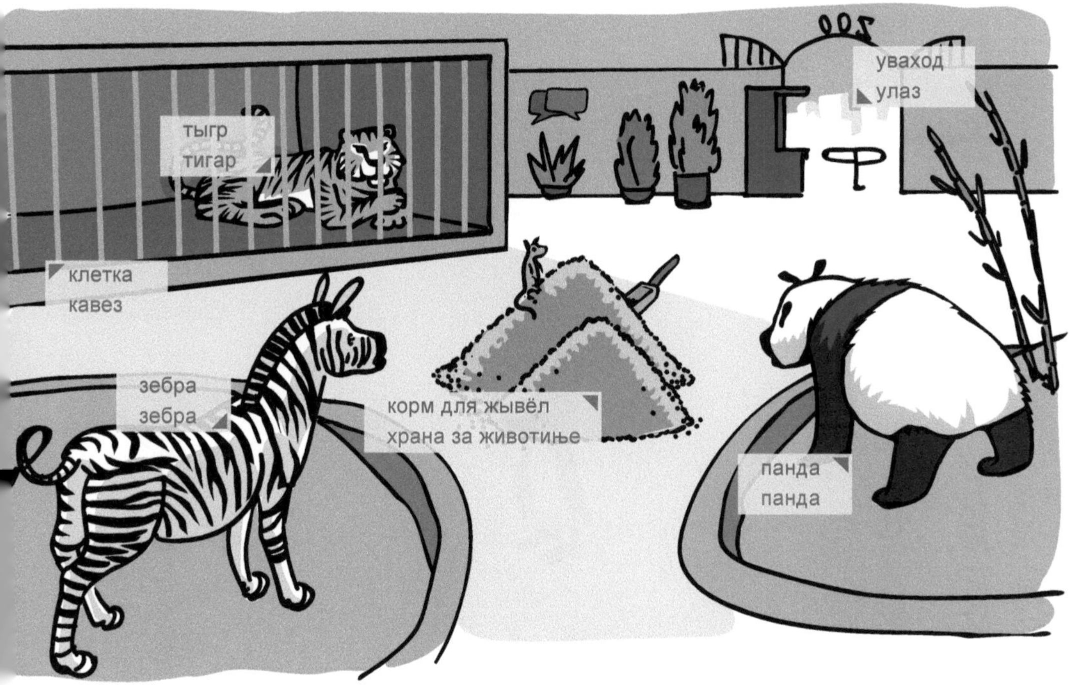

тыгр
тигар
клетка
кавез
уваход
улаз
зебра
зебра
корм для жывёл
храна за животиње
панда
панда

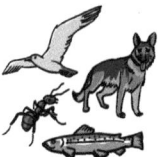

жывёлы
животиње

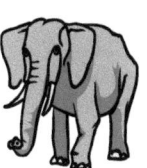

слон
слон

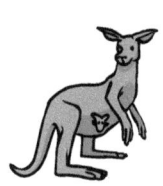

кенгуру
кенгур

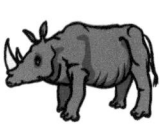

насарог
носорог

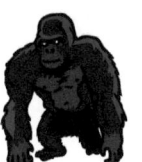

гарыла
горила

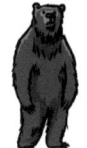

мядзведзь
медвед

вярблюд

камила

стравус

нoj

леў

лав

малпа

маjмун

фламінга

фламинго

папугай

папагаj

белы мядзведзь

поларни медвед

пінгвін

пингвин

акула

аjкула

паўлін

паун

змяя

змиjа

кракадзіл

крокодил

наглядчык заапарка

чувар у зоолошком врту

цюлень

туљан

ягуар

jaгуар

поні

пони

леапард

леопард

бегемот

нилски коњ

жыраф

жирафа

арол

орао

дзік

дивља свиња

рыбак

риба

чарапаха

корњача

морж

морж

ліса

лисица

газель

газела

амерыканскі футбол
амерички ногомет

веласпорт
бициклизам

тэніс
тенис

баскетбол
кошарка

плаванне
пливање

хакей з шайбай
хокеј на леду

бокс
бокс

футбол
fудбал

бадмінтон
бадминтон

лёгкая атлетыка
атлетика

гандбол
рукомет

горныя лыжы
скијање

пола
поло

скакаць
скочити

абдымаць
загрлити

смяяцца
смејати се

ісці
ићи

спяваць
певати

маліцца
молити се

цалаваць
пољубити

марыць
сањати

пісаць	маляваць	паказваць
писати	цртати	показати

націснуць	даваць	браць
гурати	дати	узети

маць

имати

выконваць

чинити

быць

бити

стаяць

стојати

бегчы

трчати

цягнуць

повлачити

кідаць

бацити

падаць

падати

ляжаць

лежати

чакаць

чекати

насіць

носити

сядзець

седити

апранацца

облачити

спаць

спавати

прачынацца

пробудити се

глядзець
гледати

плакаць
плакати

лашчыць
миловати

прычэсвацца
чешљати

гаварыць
говорити

разумець
разумети

пытаць
питати

чуць
слушати

піць
пити

есці
јести

прыбіраць
поспремити

кахаць
волети

гатаваць
кухати

ехаць
возити

лятаць
летети

дзейнасць - активности

плаваць пад ветразем

пловити

лічыць

рачунати

чытаць

читати

вучыць

учити

працаваць

радити

уступаць у шлюб

венчати се

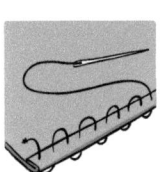

шыць

шити

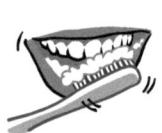

чысціць зубы

прати зубе

забіваць

убити

курыць

пушити

пасылаць

послати

бабуля
бака

дзядуля
деда

бацька
отац

маці
мајка

дзіця
беба

дачка
кћерка

сын
син

госць
....
гост

цётка
....
тетка

дзядзька
....
уjак, стриц

брат
....
брат

сястра
....
сестра

тело

лоб
чело

вока
око

плячо
раме

палец
прст

твар
лице

падбародак
брада

рука
рука

грудзі
груди

нага
нога

рука
рука

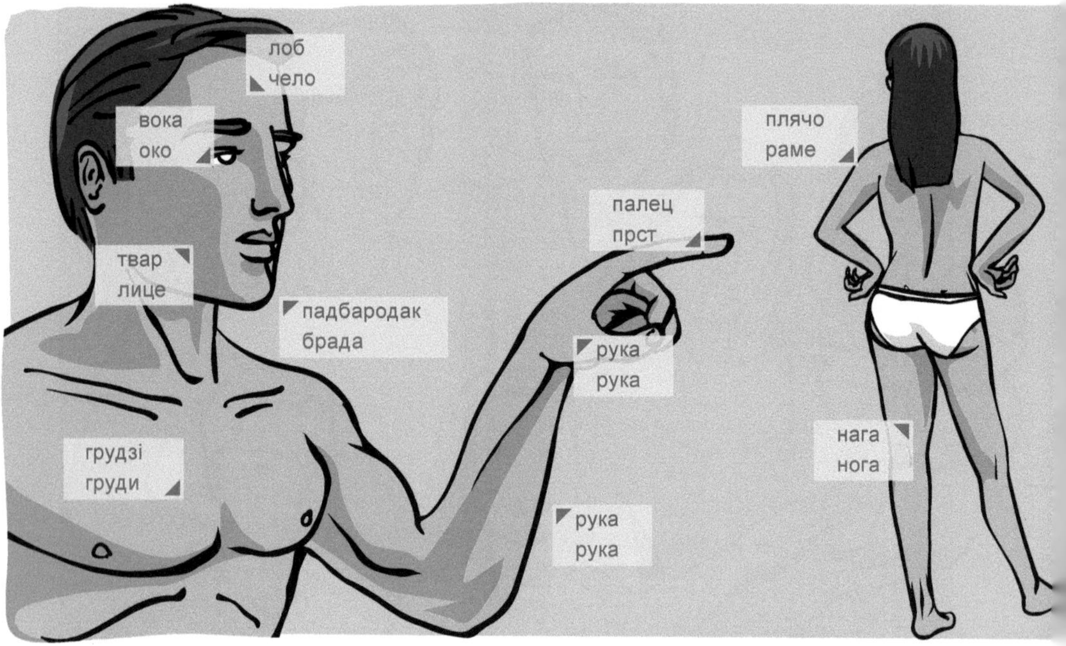

дзіця
·············
беба

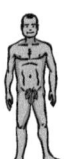

мужчына
·············
мушкарац

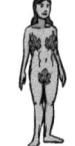

жанчына
·············
жена

дзяўчынка
·············
девојчица

хлопчык
·············
дечак

галава
·············
глава

спіна
леђа

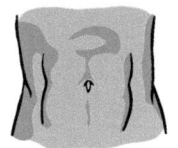

жывот
стомак

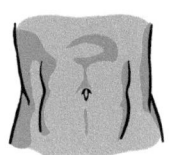

пуп
пупак

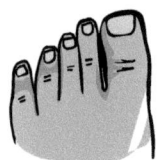

палец нагі
ножни прст

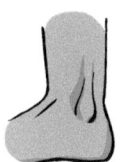

пятка
пета

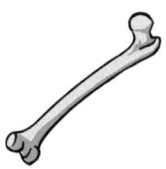

костка
кост

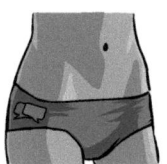

бядро
кукови

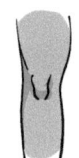

калена
колено

локаць
лакат

нос
нос

ягадзіца
задњица

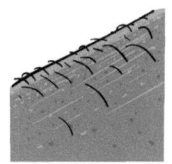

скура
кожа

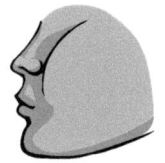

шчака
образ

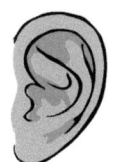

вуха
уво

губа
усна

цела - тело

рот

уста

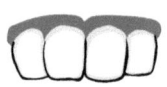

зуб

зуб

язык

језик

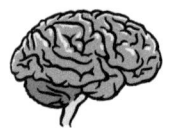

галаўны мозг

мозак

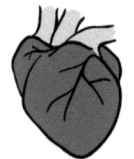

сэрца

срце

мышца

мишић

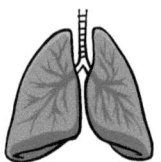

лёгкае

плућа

пячонка

јетра

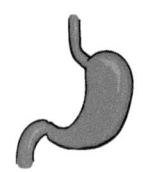

страўнік

желудац

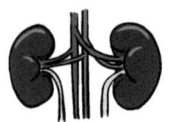

ныркі

бубрези

сэкс

полни однос

прэзерватыў

кондом

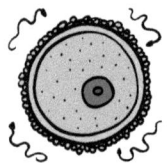

яйцаклетка

јајна ћелија

сперма

сперма

цяжарнасць

трудноћа

цела - тело

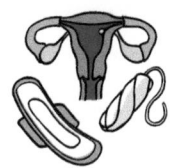

менструацыя

менструација

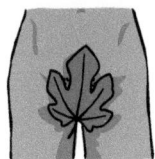

похва

вагина

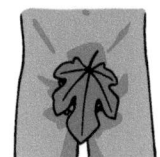

пеніс

пенис

брыво

обрва

валасы

коса

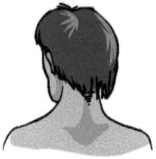

шыя

врат

шпіталь

болница

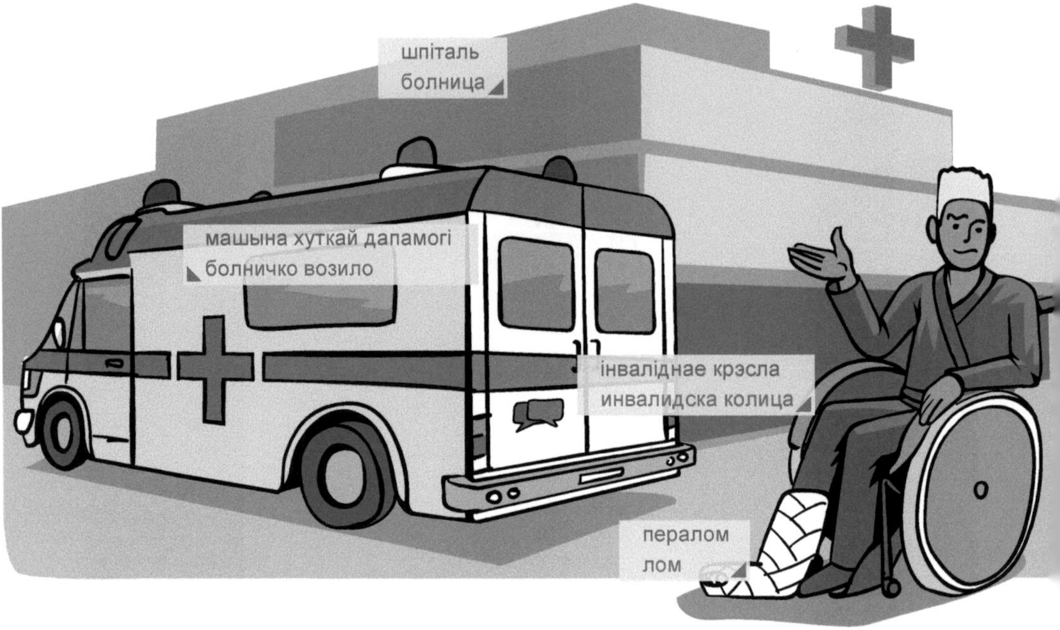

шпіталь
болница
машына хуткай дапамогі
болничко возило
інваліднае крэсла
инвалидска колица
пералом
лом

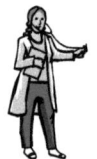

доктар

лекар

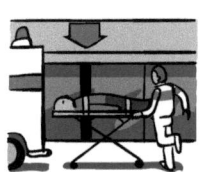

аддзяленне першай дапамогі

хитна медицинска служба

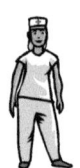

медсястра

медицинска сестра

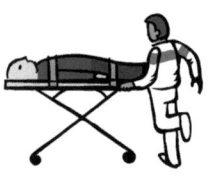

экстраная дапамога

хитни случај

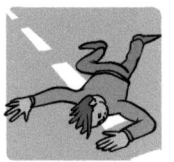

непрытомны

несвест

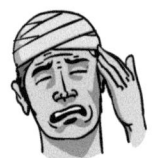

боль

бол

траўма
....
повреда

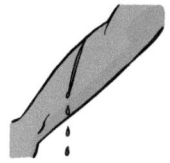

крывацёк
....
крварење

інфаркт
....
срчани удар

апаплексія
....
удар

алергія
....
алергија

кашаль
....
кашаљ

гарачка
....
грозница

грып
....
грипа

панос
....
пролив

галаўны боль
....
главобоља

рак
....
рак

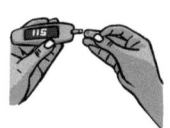

дыябет
....
дијабетес

хірург
....
хирург

скальпель
....
скалпел

аперацыя
....
операција

КТ
цт

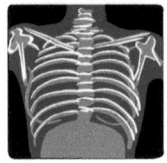

рэнтген
рентген

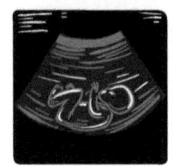

ультрагук
ултразвук

маска
маска

хвароба
болест

пачакальня
чекаона

мыліца
штака

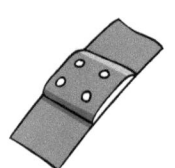

пластыр
фластер

бінт
завој

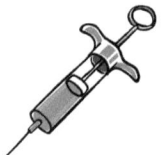

ін'екцыя
ињекција

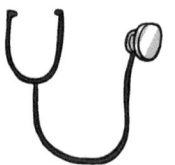

стэтаскоп
стетоскоп

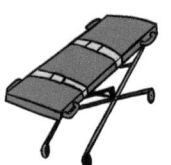

насілкі
носила

градуснік
термометар

нараджэнне
рођење

лішняя вага
прекомерна тежина

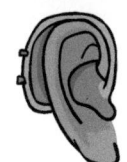

слухавы апарат

слушни апарат

дэзінфекцыйны сродак

средство за дезинфекцију

інфекцыя

инфекција

вірус

вирус

ВІЧ/СНІД

хив / аидс

лекі

медицина

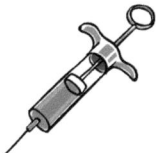

прышчэпка

вакцинација

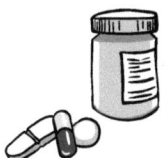

таблеткі

таблете

супрацьзачаткавая таблетка

пилула

экстраны выклік

хитни позив

танометр

уређај за мерење притиска

хворы / здаровы

болесно / здраво

Ратуйце!

помоћ!

сігналізацыя

аларм

напад

насртај

атака

напад

небяспека

опасност

аварыйны выхад

излаз у случају нужде

Пажар!

пожар!

вогнетушыцель

противпожарни апарат

аварыя

незгода

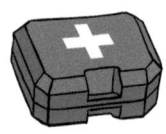

аптэчка

кутија прве помоћи

СОС

сос

паліцыя

полиција

Еўропа

Европа

Паўночная Амерыка

Северна Америка

Паўднёвая Амерыка

Јужна Америка

Афрыка

Африка

Азія

Азија

Аўстралія

Аустралија

Атлантычны акіян

Атлантик

Ціхі акіян

Пацифик

Індыйскі акіян

Индијски океан

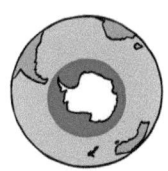

аўднёвы ледавіты акіян

Антарктички океан

Паўночны ледавіты акіян

Арктички океан

Паўночны полюс

Северни рол

Паўднёвы полюс

Jужни рол

Антарктыда

Антарктик

Зямля

земља

краіна

земља

мора

море

востраў

оток

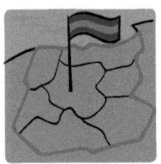

нацыя

нација

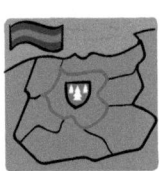

дзяржава

држава

цыферблат

бројчаник сата

гадзінная стрэлка

сатна казаљка

хвілінная стрэлка

минутна казаљка

секундная стрэлка

секундна казаљка

Колькі часу?

Колико је сати?

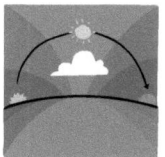

дзень

дан

час

време

зараз

сада

электронны гадзіннік

дигитални сат

хвіліна

минута

гадзіна

час

ТЫДЗЕНЬ

седмица

панядзелак
понедељак

серада
среда

пятніца
петак

аўторак
уторак

чацвер
четвртак

субота
субота

нядзеля
недеља

ўчора

јуче

сёння

данас

заўтра

сутра

раніца

јутро

абед

подне

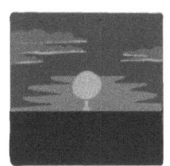

вечар

вече

MO	TU	WE	TH	FR	SA	SU
1	2	3	4	5	6	7
8	9	10	11	12	13	14
15	16	17	18	19	20	21
22	23	24	25	26	27	28
29	30	31	1	2	3	4

працоўныя дні

радни дани

MO	TU	WE	TH	FR	SA	SU
1	2	3	4	5	6	7
8	9	10	11	12	13	14
15	16	17	18	19	20	21
22	23	24	25	26	27	28
29	30	31	1	2	3	4

выхадныя

викенд

год

година

дождж
киша
вясёлка
дуга
вецер
ветар
снег
снег
вясна
пролеће
восень
јесен
лета
лето
зіма
зима

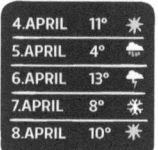

4.APRIL 11°
5.APRIL 4°
6.APRIL 13°
7.APRIL 8°
8.APRIL 10°

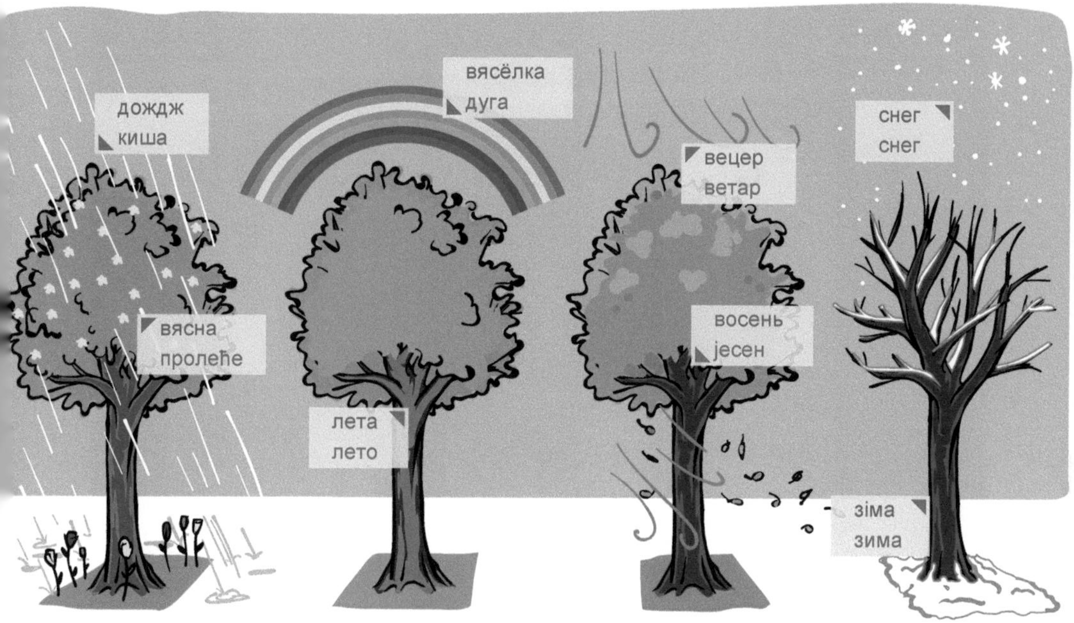

прагноз надвор'я

метеоролошка прогноза

F C
120 40
90 30
60 20
30 10
0 0
-30 -10
-20

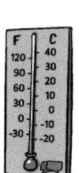

градуснік

термометар

сонечнае святло

сунчана светлост

воблака

облак

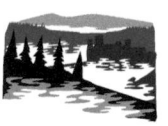

туман

магла

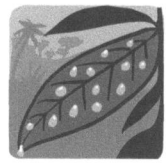

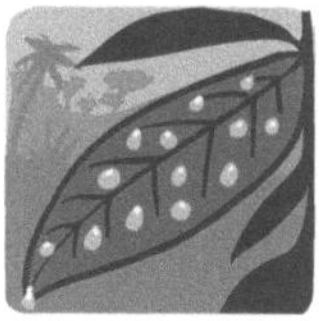

вільготнасць паветра

влажност ваздуха

маланка

муња

гром

грмљавина

бура

олуја

град

туча

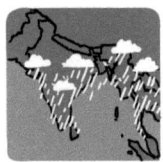

мусонны вецер

монсун

прыліў

поплава

лёд

лед

студзень

јануар

люты

фебруар

сакавік

март

красавік

април

май

мај

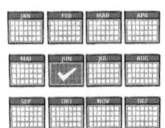

чэрвень

јуни

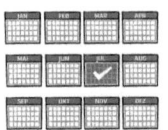

ліпень

јули

жнівень

август

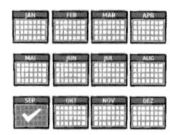

верасень
....
септембар

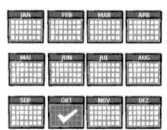

кастрычнік
....
октобар

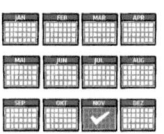

лістапад
....
новембар

снежань
....
децембар

круг
....
круг

квадрат
....
квадрат

прамавугольнік
....
правоугао

трохвугольнік
....
троугао

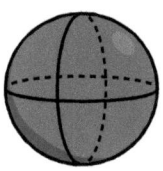

шар
....
кугла

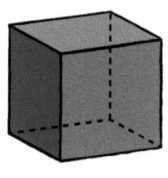

куб
....
коцка

белы
....
бела

жоўты
....
жута

аранжавы
....
наранџаста

ружовы
....
ружичаста

чырвоны
....
црвена

фіялетавы
....
љубичаста

сіні
....
плава

зялёны
....
зелена

карычневы
....
смеђа

шэры
....
сива

чорны
....
црна

шмат / мала

много / мало

злы / добры

љутито / мирно

прыгожы / брыдкі

лепо / ружно

пачатак / канец

почетак / крај

высокі / малы

велико / малено

светлы / цёмны

светло / тамно

сястра / брат

брат / сестра

чысты / брудны

чисто / прљаво

поўны / няпоўны

потпуно / непотпуно

дзень / ноч

дан / ноћ

мёртвы / жывы

мртво / живо

шырокі / вузкі

широко / уско

ядомы / неядомы

jестиво / неjестиво

злы / добры

зло / добро

узбуджаны / нудны

узбуђено / досадно

тоўсты / тонкі

дебело / мршаво

першы / апошні

на почетку / на крају

сябар / вораг

пријатељ / непријатељ

поўны / пусты

пуно / празно

цвёрды / мяккі

тврдо / мекано

важкі / лёгкі

тешко / лагано

голад / смага

глад / жеђ

хворы / здаровы

болесно / здраво

нелегальны / легальны

илегално / легално

разумны / дурны

паметно / глупо

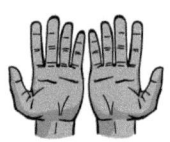

левы / правы

лево / десно

побач / далёка

близу / далеко

новы / былы ва ўжыванні

ново / половно

нічога / нешта

ништа / нешто

стары / малады

старо / младо

укл / выкл

укључено / искључено

адчынены / зачынены

отворено / затворено

ціхі / гучны

тихо / гласно

багаты / бедны

богато / сиромашно

правільна / няправільна

тачно / погрешно

шурпаты / гладкі

храпаво / глатко

сумны / шчаслівы

тужно / сретно

кароткі / доўгі

кратко / дуго

павольны / хуткі

полако / брзо

вільготны / сухі

мокро / сухо

цёплы / халаднаваты

топло / хладно

вайна / мір

рат / мир

0

нуль
....
нула

1

адзін
....
jедан

2

два
....
два

3

тры
....
три

4

чатыры
....
четири

5

пяць
....
пет

6

шэсць
....
шест

7

сем
....
седам

8

восем
....
осам

9

дзевяць
....
девет

10

дзесяць
....
десет

11

адзінаццаць
....
jеданаест

12

дванаццаць
....
дванаест

13

трынаццаць
....
тринаест

14

чатырнаццаць
....
четрнаест

15

пятнаццаць
....
петнаест

16

шаснаццаць
....
шестнаест

17

сямнаццаць
....
седамнаест

18

васямнаццаць
....
осамнаест

19

дзевятнаццаць
....
деветнаест

20

дваццаць
....
двадесет

100

сто
....
стотину

1.000

тысяча
....
хиљаду

1.000.000

мільён
....
милион

англійская

енглески

англійская (Амерыка)

амерички енглески

кітайская мандарынская

мандарински кинески

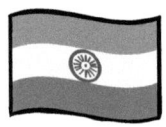

хіндзі

хиндски

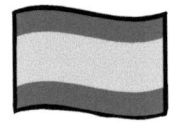

іспанская

шпански

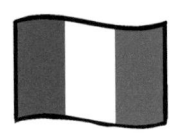

французская

француски

арабская

арапски

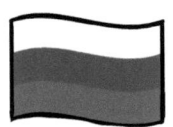

руская

руски

партугальская

португалски

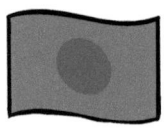

бенгальская

бенгалски

нямецкая

немачки

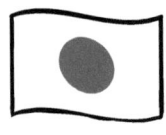

японская

jапански

я
ja

ты
ти

ён / яна / яно
он / она / оно

мы
ми

вы
ви

яны
они

хто?
Ко?

што?
Шта?

як?
Како?

дзе?
Где?

калі?
Када?

імя
име

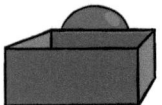

за

иза

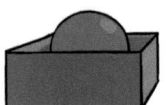

у

у

перад

испред

над

преко

на

на

пад

испод

каля

поред

паміж

између

месца

место